Georg Erwin Thaller

Das Internet

Die Anfänge

Andere *EBOOKS* aus dem Bereich der Technik
und Gesellschaft vom gleichen Autor:

- ➢ Raketen: Von der V-2 zur Saturn
- ➢ Raumhäfen: Unser Weg ins All
- ➢ Satellitennavigation: Das Global Positioning System (GPS)
- ➢ GSM: Das Mobilfunknetz
- ➢ UMTS: Mobilfunknetz der 3. Generation
- ➢ Spionagesatelliten: Unsere Augen im All
- ➢ Spionageflugzeuge: Von der U-2 zu Drohnen
- ➢ Von Sputnik zu Buran: Die russische Raumfahrt
- ➢ Satelliten im Erdorbit
- ➢ Katastrophen: Von Tschernobyl zum Tsunami
- ➢ Spione und Patrioten: Die US-Geheimdienste
- ➢ FBI: Die US-Bundespolizei
- ➢ MIx: Die britischen Geheimdienste
- ➢ Leibwächter: Der Secret Service
- ➢ Cyber War: Die unsichtbare Front
- ➢ Viren, Würmer und Trojanische Pferde: Die größten Hackerangriffe
- ➢ Innovation: Von der Idee zum Produkt
- ➢ Chiffren: Die geheimen Nachrichten

Das Internet ist unkontrollierbar. Und wenn das Internet unkontrollierbar ist, wird die Freiheit siegen.

Ai Weiwei

Inhaltsverzeichnis

Vorwort

Great steps in human progress are made by things that don't work the way philosophy thought they should. If things always worked the way they should, you could write the history of the world from now on. But they don't, and it is these deviations from the normal that make human progress.

Charles F. Kettering

Es gibt Ereignisse im Laufe der Geschichte, die geschehen einfach. Sie sind nicht geplant, ihnen liegt keine Absicht einer nationalen Regierung, einer Organisation oder eines Unternehmens zu Grunde. Es kann sogar passieren, dass Unternehmer, Manager und Fachleute eine neue Technologie falsch einschätzen, dass deren geschäftliches Potential sich ihnen niemals erschließt.

So eine neue Technik ist das Internet. Es entstand in den 1960er Jahren aus einem Projekt der ARPA, einer Forschungseinrichtung des US-amerikanischen Pentagons. Der Grundgedanke war, dass Forschungslabors, Universitäten und andere Organisationen, die verschiedene Computer mit unterschiedlicher Software besaßen, über ein Telefonnetz Daten und Nachrichten austauschen können sollten.

Beim Entwurf des ARPANETs wurden eine Reihe neuartiger, revolutionärer Konzepte erprobt und implementiert. Es war weit erfolgreicher, als sich seine Schöpfer das am Anfang hatten vorstellen können.

Damit reiht sich das Internet ein in Projekte wie das Global Positioning System (GPS), ebenfalls eine Entwicklung des amerikanischen Militärs. Auch dieses System hat sich weltweit durchgesetzt.

Mit dem Internet und dem World Wide Web erschließen sich dem Bürger mit einem PC und einer Verbindung zum Internet Informationsquellen, für die er früher Stunden und Tage in der Bibliothek hätte verbringen müssen. Im WWW ist der nächste

Laden nur einen Mouse Click entfernt. Gedruckte Zeitungen sehen sich einer formidablen Konkurrenz gegenüber. Das WWW ist schneller als das gedruckte Wort. Selbst das Telefonieren über das Internet ist möglich. Hierarchien in Unternehmen werden in Frage gestellt, weil jeder Mitarbeiter dem obersten Chef eine E-Mail schicken kann.

Wo soll das alles hinführen? Wir können es nicht mit Sicherheit vorhersagen. Fragen wir uns zunächst: Wie hat das alles begonnen?

1 Das Zeitalter der Kommunikation?

An invasion of armies can be resisted, but not an idea whose time has come.
      Victor Hugo

Es ist nicht selten so, dass in verschiedenen Nationen zur gleichen Zeit an einer Erfindung gearbeitet wird, wenn die Zeit dafür reif ist, wenn die notwendigen Technologien dafür zur Verfügung stehen. In den Jahren zuvor mag zwar mancher Wissenschaftler oder Tüftler über eine neue Maschine nachgedacht, mag grundlegende Ideen entwickelt, mag Versuche angestellt haben. Wenn allerdings die Technik noch nicht so weit ist, wenn essentielle Komponenten des Systems nicht zur Verfügung stehen, so wird dieser Erfinder scheitern.

Ganz fruchtlos mögen seine Überlegungen allerdings nicht sein; später werden andere auf diesen Fundamenten weiter bauen können.

Nicht gerade selten wirkt der Krieg als ein Katalysator, der Entwicklungen immens beschleunigen kann. Es stehen große Summen Geldes zur Verfügung, um die ein Erfinder in Friedenszeiten hätte lange kämpfen müssen. Entscheidungen werden schnell getroffen, weil die Zeit drängt. Jede Nation will den Krieg gewinnen.

1.1 Die Geburt einer Maschine

Konrad Zuse, vom Beruf her eigentlich Bauingenieur, begann in der 1930er Jahren in Berlin mit dem Bau einer Rechenmaschine, die wir heute als Computer bezeichnen würden. Er versuchte es zunächst mit mechanischen Komponenten, musste aber einsehen, dass diese Idee sich nicht umsetzen ließ. Wenn er eine Verbindung vergessen hatte, konnte diese Nachlässigkeit dazu führen, dass er eine Stange quer durch den Raum zum anderen Ende der Maschine führen musste. Das erwies sich in einigen Fällen als nicht durchführbar.

Zuse entschloss sich daraufhin, als Element zum Rechnen und Speichern von numerischen Daten auf das Relais zu setzen. Ein Relais ist ein elektromechanischer Schalter, der offen oder geschlossen sein kann. Wenn wir diese Zustände anders interpretieren, lassen sich damit in binärer Logik die Zustände Null oder Eins darstellen.

Sehen wir uns die drei wichtigsten Entwicklungen in den 1940er Jahren auf dem Gebiet der Rechenmaschinen im Zusammenhang an.

Beginn	Elektronik	Zahlendarstellung	Gleitkommaoperationen	Programmierbar?
Zuse Z3				
Mai 1941	NEIN	Binär	JA	Lochstreifen
Colossus				
1943	JA	Binär	NEIN	Beschränkt
ENIAC				
1946	NEIN	Dezimal	NEIN	Beschränkt

Tabelle 1-1: Erste Computer

Konrad Zuse war, aus der Sicht der Nachgeborenen betrachtet, ohne Zweifel der Erste, der einen funktionsfähigen Computer baute, der tatsächlich arbeitete. Allerdings wurde dies angesichts des andauernden Zweiten Weltkriegs nicht allgemein anerkannt.

Seine Zuse Z3 enthält bereits einige Komponenten, die Rechner in den folgenden Jahrzehnten prägen sollten.

Elektronik war noch nicht Teil dieser Maschine. Stattdessen setzte Zuse auf das Relais. Diese Bauteile waren, verglichen mit heutigen Elementen eines Computers, sehr langsam. Sie erfüllten aber ihren Zweck.

Die größte Errungenschaft war vermutlich die Einführung des binären Zahlensystems für Rechenmaschinen. Wir sind es gewohnt, im Dezimalsystem zu rechnen. Vielleicht hängt das damit zusammen, dass Menschen zehn Finger haben. Wenn allerdings eine Maschine Elemente zum Rechnen einsetzt, die lediglich zwei Zustände einnehmen können, nämlich offen oder geschlossen, logisch gesehen Null oder Eins, dann bietet sich die Verwendung des binären Zahlensystems geradezu an.

Wenn die Schüler der ersten Klasse in unseren Grundschulen bei Lernen des kleinen Einmaleins die Wahl hätten, dann würde ich mich jederzeit für das binäre Zahlensystem entscheiden. Weil es so viel einfacher ist. Das lässt sich mit Tabelle 1-2 leicht nachvollziehen.

0	×	0	=	0
0	×	1	=	0
1	×	0	=	0
1	×	1	=	1

Tabelle 1-2: Multiplikation im Binärsystem

Es gibt nur vier Operationen, und das Ergebnis ist entweder Null oder Eins. Ähnlich leicht stellt sich die Addition der beiden Ziffern dar.

0	+	0	=	0
0	+	1	=	1
1	+	0	=	1
1	+	1	=	10

Tabelle 1-3: Addition im Binärsystem

Bei der Addition kann es zu einem Überlauf kommen. Im

Dezimalsystem handelt es sich dabei um den Punkt, wo die Ziffern nicht mehr ausreichen und wir eine zweite Stelle benötigen, also den Übergang von 9 auf 10. Weil es im Binärsystem nur zwei Ziffern gibt, werden wir mit relativ vielen Überläufen rechnen müssen.

Alle Zahlen im Binärsystem können wir als Potenzen der Zahl 2 und ihrer Kombinationen betrachten. Die ersten Zahlen dieser unendlichen Reihe sind in Tabelle 1-4 dargestellt.

Potenz von 2	2^0	2^1	2^2	2^3	2^4	2^5	2^6	2^7	...
Dezimal	1	2	4	8	16	32	64	128	...

Tabelle 1-4: Numerische Werte binär und im Dezimalsystem

Konrad Zuse hat vorgeschlagen, zur Vermeidung von Verwechslungen im Binärsystem statt der Ziffer Eins den Buchstaben L zu verwenden. Diese Notation hat sich nicht durchgesetzt. Doch bleiben wir einen Augenblick dabei. Die Zahl 10 würde sich binär so darstellen:

Zahl im Dezimal-system	10
Binär	L0L0 nach Zuse oder 1010
Zusammengesetzt aus	$2^3 + 2^1 = 10$ oder dezimal 8 plus 2

Tabelle 1-5: Zahl im Binärsystem

Damit sind wir in der Lage, ganze Zahlen in einer Rechenmaschine zu speichern und zu verarbeiten. Das gilt sowohl für negative als auch positive Zahlen. Für das Vorzeichen benötigen wir lediglich ein Bit.

Eine weitere grundlegende Erfindung von Konrad Zuse war die Einführung von Zahlen in Gleitkommadarstellung. Grundsätzlich müssen wir davon ausgehen, dass Dezimalzahlen einen weiten Bereich abdecken können: Von fast unendlich bis zur Null, und das im negativen wie im positiven Bereich.

Nun sind die Ressourcen einer Rechenmaschine allerdings endlich. Es musste also ein Weg gefunden werden, diesen großen Bereich mit endlichen Mitteln abzudecken. Das kann gelingen, wenn man Dezimalzahlen als eine Kombination aus zwei Zahlen betrachtet, wie das in Tabelle 1-6 getan wird.

Dezimalzahl	Darstellung im Computer
0,75	$0{,}75 \times 10^0$
7,5	$0{,}75 \times 10^1$
7500	$0{,}75 \times 10^4$

Tabelle 1-6: Dezimalzahlen in Computern

Durch diesen kleinen Trick sind wir in der Lage, Dezimalzahlen über einen großen Bereich hinweg im Speicher eines Computers mit vertretbarem Aufwand an Ressourcen zu repräsentieren. Wir haben hier zwar das dezimale Zahlensystem verwendet. Die Methode funktioniert allerdings auch im Binärsystem.

Das Vorzeichen wird auch hier mit einem Bit dargestellt. Somit kann die Zahl positiv oder negativ sein. Eine gewisse Schwäche hat diese Methode allerdings. Bestimmte Brüche, etwa 1/3, können wir im Computer nicht ganz richtig darstellen, weil sich eine unendlich lange Reihe von Ziffern ergeben würde, also 0,333333…

In der Praxis dürfte diese kleine Schwäche des eingesetzten Zahlensystems allerdings keine große Rolle spielen.

Die dritte wichtige Neuerung war die Möglichkeit zur Programmierung des Rechners, also die Lösung unterschiedlicher Aufgaben. Als Medium zur Dateneingabe verwendete Konrad Zuse dazu Lochstreifen, wie sie in Fernschreibern Verwendung finden. Als dieses Material in den letzten Tagen des Kriegs rar wurde, verwendete man einfach Schmalfilm. Davon war noch genug vorhanden.

Damit die Rechenmaschine nicht dem Feind in die Hände fiel, ersetzte Konrad Zuse den Buchstaben Z in seinem Rechner durch ein V. Für die V-Waffen standen im untergehenden Dritten Reich noch Transportkapazitäten zur Verfügung. Man brachte den Computer zunächst nach Süddeutschland, und nach dem Krieg tat er in der Eidgenössischen Technischen Hochschule (ETH) in Zürich seinen Dienst. Man konnte den Computer rechnen hören, weil die Relais bei den Operationen klickten.

Von einem zweiten Rechner, der ebenfalls in diesen Jahren entstand, erfuhr die Öffentlichkeit lange Jahre nichts. Die *Colossus* stand in Bletchley Park, unweit von London, und diente dazu, die verschlüsselten Nachrichten [1, 2] der deutschen Streitkräfte, des Oberkommandos der Wehrmacht und der politischen Führung des Dritten Reichs zu entschlüsseln.

Obwohl der Colossus für einen sehr speziellen Zweck entwickelt und gebaut wurde, müssen wir ihn aus heutiger Sicht als Computer einordnen. Er verwendete das binäre Zahlensystem und war durch Umstecken von Kabeln in geringem Umfang programmierbar. Gleitkommaarithmetik war bei diesen Applikationen nicht notwendig.

Der dritte bedeutende Rechner dieser Zeit war die ENIAC. Dieses Akronym steht für *Electronic Numerical Integrator and Computer*. Diese Rechenmaschine wurde an 1942 im Auftrag der US-Armee von J. Presper Eckert und John W. Mauchly entwickelt und am 14. Februar 1946 präsentiert.

Während Konrad Zuse für die Rechenoperationen und zum Speichern von Werten auf Relais setzte, verwendeten die beiden Erfinder aus den USA Elektronenröhren. Das sind im Prinzip die gleichen Bauteile, wie wir sie später über Jahrzehnte hinweg in jedem Fernseher finden würden.

Beide Komponenten haben ihre Nachteile. Relais sind als elektromechanische Teile relativ langsam, während Röhren dazu neigen, durchzubrennen. In den 1950er Jahren wurde in den USA dennoch das erste System zur Erkennung von feindlichen Raketen aus der Sowjetunion mit Hilfe von Röhren gebaut. Die Anlage war so hoch wie ein Mietshaus, und ständig waren ein paar Wehrpflichtige mit Körbchen voller Röhren unterwegs, um fehlerhafte Bauteile auszuwechseln.

Trotz dieser Behinderungen wies dieses System eine Zuverlässigkeit von weit über 90 Prozent auf. Der Rechner gab sogar bekannt, welche Röhre ausgewechselt werden musste.

Doch bleiben wir bei der ENIAC. Für die Arithmetik wurde das dezimale Zahlensystem eingesetzt. Es waren zwanzig Akkumulatoren vorhanden, und für eine Rechenoperation wurden 0,2 Millisekunden benötigt. Die Maschine war durch Kabel und Drehschalter in begrenztem Umfang programmierbar.

Eine große Schwäche der ENIAC waren die eingesetzten 17 468 elektronischen Röhren. Um ihre Fehleranfälligkeit zu mindern, setzte man stärkere Röhren ein, als eigentlich nötig gewesen wäre. Später fand man im Betrieb heraus, dass ein Großteil dieser Bauteile beim Ein- und Ausschalten des Rechners kaputt gingen. Die Folge war, dass man den Computer einfach nicht mehr abschaltete.

Aus der ENIAC entstand in den 1950er Jahren die UNIVAC, die einzige ernsthafte Konkurrenz zu IBM.

1.2 Insellösungen

Supreme excellence consists in breaking the enemy's resistance without fighting.
Sun Tzu

Nach dem Ende des Zweiten Weltkriegs wandelte sich die politische Lage schnell. Aus der Sowjetunion, einem Verbündeten, wurde rasch der einzige ernst zu nehmende Gegner der USA. Die Sowjetunion kann viel schneller in den Besitz der Atombombe, als man sich das in Washington hatte vorstellen können, nicht zuletzt durch Verrat.

Was zuverlässige Informationen betraf, so war man den USA zu Beginn der 1950er Jahre sehr schlecht dran. Menschliche Spione im Reich Stalins gab es sehr wenige, und viele dieser Männer wurden schnell enttarnt und erschossen. Somit blieb den USA die Aufklärung [3, 4] mit technischen Mitteln.

Spionageflugzeuge wie die U-2 trugen sicherlich dazu bei, die vorher weitgehend auf Schätzungen beruhenden Zahlen der USA über Bomber und Raketen der Sowjetunion zu korrigieren. Was Spionagesatelliten im Bereich der Aufklärung mit Fotos betrifft, so wurden diese Projekte von der Regierung unter Dwight D. Eisenhower zwar gestartet. Die Früchte ernten konnten im großen Umfang allerdings erst John F. Kennedy und Lyndon B. Johnson.

Die 1950er Jahre waren in den USA die Zeit, in denen man ernsthaft mit einem Angriff der Sowjetunion rechnete. Kinder übten in der Schule, ihre Pulte umzukippen und sich ihren Schulranzen vor den Kopf zu halten. Ob es gegen die Explosion einer Atombombe viel genützt hätte, ist fraglich.

Seitens der Regierung im Weißen Haus tat man alles, um den Kalten Krieg zu gewinnen. Anfang der 1950er Jahre wurden Computer für einige Konzerne im Bereich der Rüstung erschwinglich, und auch in Forschungslabors schaffte man derartige Rechner an.

Das Problem für einige Projektleiter im Pentagon war, dass es sich bei allen diesen Auftragnehmern um Insellösungen handelte. Es war nicht selten, dass ein Projektleiter drei Terminals oder mehr in seinem Büro hatte. Mit jedem dieser Terminals konnte er sich in den Computer eines Auftragnehmers einloggen. Allerdings war die Prozedur dazu in jedem Fall verschieden. Jeder Rechner hatte sein eigenes Betriebssystem, setzte eigene Sprachen und Werkzeuge ein.

Nicht nur war dadurch die Kontrolle der Projekte, die schließlich mit Steuergeldern finanziert wurden, schwierig. Es war auch zu befürchten, dass Studien und andere Arbeiten an verschiedenen Standorten mehrfach durchgeführt würden, weil eine effektive Kommunikation der verschiedenen Mitarbeiter in den Projekten nicht möglich war.

Hinzu kam erschwerend, dass es sich oftmals um geheime Arbeiten handelte. Das öffentliche Telefonnetz als Mittel der Kommunikation kam folglich nur in beschränktem Umfang in Frage.

Kurz und gut: Das US-Verteidigungsministerium gab viel Geld aus, um den Wettlauf gegen die mächtige Sowjetunion zu gewinnen. Ob aber alle Projekte sehr effizient gemanagt und kontrolliert wurden, musste man allerdings bezweifeln.

2 Die Geburt eines Netzwerks

*The two words 'information' and 'communication' are often used
interchangeably, but they signify quite different things. Information
is giving out; communication is getting through.*
                              Sidney J. Harris

In den 1950er Jahren setzten sich Computer in einigen
Branchen gegenüber etablierten Verfahren langsam durch.
Banken und Versicherungen wären hier an erster Stelle zu
nennen. Sie hatten Applikationen, die aus mathematischer
Sicht nicht kompliziert waren, aber regelmäßig in großem
Umfang erledigt werden mussten.

Dazu gehört zum Beispiel das Erstellen eines Kontoauszugs
für die Kunden einer Bank am Monatsende. Eine derartige
Aufgabe eignet sich dazu, von einem Rechner erledigt zu
werden.

Generell kann man sagen, dass von den Managern in der
Industrie und den Verantwortlichen in Politik und Verwaltung
der Bedarf an Computern zu Beginn der 1950er Jahre grob
unterschätzt wurde.

Thomas J. Watson, der Vorstandsvorsitzende von IBM, wird
im Jahr 1943 mit den Worten zitiert: „Ich glaube, es existiert
vielleicht ein Weltmarkt für fünf Computer."

Obwohl niemals schlüssig bewiesen werden konnte, dass
Watson diese Behauptung wirklich gemacht hat, spiegelt sie
doch den Zeitgeist wider. Man konnte sich vorstellen, dass das
Pentagon ein paar diesen neuen Rechenmaschinen kaufen
würde. Unter Umständen konnten sie auch in der
Wettervorhersage eingesetzt werden. Doch darüber hinaus?

Der Chef von IBM war mit seiner Meinung nicht alleine.
Howard H. Aiken, ein Computerpionier, stellte im Jahr 1952
fest: „Wir konnten uns ursprünglich vorstellen, dass es in

unserem Land ein halbes Dutzend große Computer geben würde, verborgen in Forschungseinrichtungen. Damit würden unsere Anforderungen erfüllt sein."

Was sowohl Aiken als auch Thomas J. Watson unterschätzten, war die Phantasie ihrer Kunden und Anwender. Sie waren gut darin, sich Anwendungen für diese Maschine auszudenken, von denen die Hersteller nie gehört hatten. Die folgende Anekdote macht diesen Punkt deutlich.

Anfang der 1950er Jahre saß Thomas J. Watson bei einem Dinner in New York neben einer Dame, die für die Leitung der öffentlichen Bibliotheken zuständig war. Sie fragte den Chef von IBM, warum sich seine Verkäufer beharrlich weigern würden, ihr einen Computer von IBM zu verkaufen.

Es waren die Jahre nach dem Zweiten Weltkrieg. Die Volkswirtschaft der USA kannte bis zum Jahr 1958 nur eine Richtung: Nach oben. Öffentliche Bibliotheken hatten also Geld zur Verfügung, um einen Computer zu kaufen.

Obwohl Watson es nicht in den Sinn gekommen wäre, dass ein Computer in einer Bibliothek zur Verwaltung der Bestände nützlich sein konnte, war er doch ein guter Geschäftsmann. Gleich am nächsten Morgen ließ er seine Verkäufer antreten und las ihnen die Leviten.

2.1 Die Schaffung einer Institution

The organisations that will excel in the future will be the organisations that discover how to tap people's commitment and capacity to learn at all levels in an organisation.

Peter M. Senge

Es gibt in Washington, D.C., eine ganze Reihe von Behörden, die nicht gerade einen sehr guten Ruf genießen. Die Federal Aviation Authority (FAA) hat es in Jahrzehnten nicht geschafft,

17

ein Computersystem auf die Beine zu stellen, das alle Flüge über den kontinentalen USA erfasst und dafür sorgt, dass Flüge effizient, mit geringem Verbrauch an Treibstoff und wenigen oder keinen Verspätungen abgewickelt werden.

Das nach 9/11 neu geschaffene Department of Homeland Security hat sich zwar die Küstenwache und den Secret Service einverleibt, zwei Organisationen, die einen guten Ruf genossen, hat aber beim Hurrikan Katrina in New Orleans [5] kläglich versagt. Dabei beschäftigt es inzwischen mehr als zweihunderttausend Menschen.

Demgegenüber hat sich die Advanced Research Projects Agency (ARPA), eine Abteilung des Pentagons, im Lauf der Jahre einen guten Ruf erworben. Sie kommt mit wenigen Mitarbeitern aus, hat das Ohr des Verteidigungsministers und des Manns im Weißen Haus und packt Projekte an, die viele für undurchführbar oder gar verrückt halten würden. Sie geht Risiken ein und blickt im Bereich der Wissenschaft und Technologie weit in die Zukunft.

In dieser Hinsicht ist sie in der US-Hauptstadt, und auch bei den Regierungen anderer Nationen, ohne Rivalen.

Man kann natürlich fragen, warum gerade das mächtige US-Verteidigungsministerium eine solche Abteilung, die zuweilen wie ein Stachel im Fleisch wirken mag, braucht.

Denken wir zurück an den Zweiten Weltkrieg, die Entwicklung der Atombombe. Albert Einstein, der damals in Princeton lebte, hatte durch seine Kontakte in Dänemark erfahren, dass in Berlin an seinem alten Institut die Atomspaltung geglückt war. Damit rückte der Bau einer Atombombe in den Bereich des Möglichen.

Albert Einstein beriet sich mit seinen Freunden unter den Emigranten, und man beschloss, einen Brief an Franklin D. Roosevelt im Weißen Haus zu schreiben. Monate später würde das MANHATTAN-Projekt gestartet.

Nun kann man über den Einsatz von Atombomben durchaus unterschiedlicher Meinung sein. Tatsache bleibt allerdings, dass die japanischen Soldaten jede gottverlassene Insel im

Pazifik verteidigten, als wäre es ihr eigenes Haus. Die Verluste der US Navy und der Marines waren hoch.

Insofern machte es für Harry Truman Sinn, den Abwurf der neu entwickelten Waffe über zwei japanischen Städten anzuordnen. Das japanische Kaiserreich kapitulierte wenig später.

Wenn wir eine Lehre daraus ziehen können, dann ist es diese: Um das Leben amerikanischer Bürger zu schützen, ist der Einsatz mordernster Technologie gerade gut genug.

Im Jahr 1953 zog Dwight D. Eisenhower überraschend ins Weiße Haus ein. Obwohl er selbst General war und dazu beigetragen hatte, den Krieg in Europa für die Alliierten zu gewinnen, misstraute er den Militärs und den Managern der Rüstungsfirmen. Generäle und Admiräle haben ihre eigenen Interessen, und Rüstungskonzerne wollen in erster Linie Geld verdienen. Auf der anderen Seite schätzte der US-Präsident den Rat von Wissenschaftlern. Ihnen traute er zu, mehr auf das Wohl des Landes zu achten als ihre eigene Karriere.

In diesem Sinne wurde die ARPA [6] als eine Forschungsabteilung im Pentagon gegründet, die an den Verteidigungsminister und den Präsidenten berichten sollte und die Hahnenkämpfe um Mittel und Programme unter den Teilstreitkräften vermeiden sollte. Als Verteidigungsminister hatte Dwight D. Eisenhower Neil McElroy vorgesehen. Er war weder ein Militär noch ein Politiker, sondern ein erfolgreicher Verkäufer bei Procter & Gamble.

Wer von dieser Firma nie etwas gehört haben sollte: P & G stellt Waschmittel her, ist in dieser Hinsicht mit der deutschen Henkel vergleichbar. McElroy war am 4. Oktober 1957, das war ein Freitag, gerade zu Besuch in Huntsville in Alabama und unterhielt sich mit Wernher von Braun, als ein Mitarbeiter hereinstürzte und verkündete, dass die Sowjetunion einen ersten Satelliten [7] gestartet hatte.

Als Berater für Fragen der Wissenschaft und Technologie wählte Eisenhower James R. Killian, den Präsidenten des Massachusetts Institute of Technology (MIT) in Boston. Der US-

Präsident hielt im Gefolge der Erfolge der Sowjetunion durch den Start von Sputnik ein paar Reden, mit denen er die aufgebrachten Gemüter seiner Landsleute zu beruhigen suchte. Killian erhielt prompt von der Presse den Titel ,Raketen-Zar.'

Killian schlug vor, eine Abteilung innerhalb des Pentagons zu gründen, die sich um neue Technologien kümmern sollte, die im Bereich der Waffensysteme langfristig Bedeutung erlangen konnten. Sie sollte dazu beitragen, Rivalitäten unter den Teilstreitkräften zu verringern. Das Budget dieser Stelle würde zum größten Teil durch ihn selbst kontrolliert werden. Eisenhower fand Gefallen an diesem Vorschlag und stimmte zu.

Die Generäle und Admiräle waren von Killians Vorschlag wenig begeistert. Eisenhower beantragte beim Kongress trotzdem finanzielle Mittel für die neue Abteilung im Pentagon. Anfang 1958 wurde Roy Johnson, Vizepräsident bei General Electric, als der erste Direktor der ARPA eingestellt. Ihm standen 520 Millionen Dollar als bereits genehmigte Mittel zur Verfügung, und weitere zwei Milliarden Dollar wurden in Aussicht gestellt.

Im Lichte der Erfolge der Sowjetunion im Erdorbit wandte sich die neue Abteilung zunächst Raketen und Satelliten [8] zu. Diese einseitige Ausrichtung sollte sich schnell als Fehler herausstellen. Alle diese Programme wurden wenig später der neu gegründeten NASA zugewiesen.

Die ARPA stand plötzlich ohne eine Aufgabe da und lief Gefahr, unterzugehen. Wenn sie nicht sang- und klanglos verschwinden sollte, musste sie rasch eine Agenda entwickeln. Man besann sich der Wissenschaftler und Forscher in den Hochschulen und Forschungslabors der USA. In Zukunft würde sich ARPA um Projekte kümmern, die mit einem hohen Risiko verbunden waren. Die aber auch enorme Erfolge und Gewinne versprachen, falls sie erfolgreich realisiert werden konnten.

2.2 Eine wenig bekannte kleine Firma aus Boston

The secret of getting ahead is getting started. The secret of getting started is breaking your complex overwhelming tasks into small manageable tasks, and then starting on the first one.

Mark Twain

Zu Beginn des Jahres 1961 wurde Jack P. Ruina als zweiter Direktor der ARPA ernannt. Er hatte sowohl Erfahrungen mit der Air Force und war auch an Hochschulen tätig gewesen. Ruina pflegte einen entspannten Stil des Managements, war aber immer auf der Suche nach neuen Talenten.

Die Air Force hatte in diesem Jahr einen neuen Computer namens Q-32 angeschafft, der als Back-up für das Frühwarnsystem der USA vorgesehen war. Diese teure Maschine war bei der System Development Corporation in Santa Monica, Kalifornien, aufgestellt worden. Leider strich der Kongress der Air Force die Mittel für diesen Computer. Die Air Force hatte dem Kauf aber bereits zugestimmt. Nun hatte sie plötzlich einen Computer, den sie nicht brauchen konnte. SDC war verzweifelt und suchte nach einem Auftraggeber, der etwas mit dieser Maschine anfangen konnte.

Im Herbst 1962 stellte Ruina einen Psychologen mit dem Namen J. C. R. Licklider ein. Dieser neue Mitarbeiter vertrat die Ansicht, dass Computer mehr sein konnten als teure Rechenknechte. Er träumte davon, durch Computer die Reichweite des menschlichen Geists zu erweitern, sie als Werkzeuge der menschlichen Intelligenz zu nutzen, die analytischen Fähigkeiten zu erweitern. Sechs Monate nach seiner Ankunft bei der ARPA schlug Licklider in einem Papier die Schaffung eines Netzwerks aus Computern vor.

Es war ein anderer Mitarbeiter der ARPA, Bob Taylor aus Texas, der diese Idee von Licklider aufgreifen und vorantreiben sollte. Das war die Zeit, als die Wissenschaftler im Dienst des Pentagons und der ARPA alle einen Computer verlangten, wenn sie Arbeiten ausführen sollten. Computer waren in ihrer Anschaffung nicht gerade billig. Weil diese Universitäten und Forschungslabors zudem nicht miteinander kommunizierten, bestand die Gefahr, dass die Regierung Geld für Projekte ausgab, die an verschiedenen Stellen gleichzeitig durchgeführt wurden.

Die Lösung konnte offensichtlich nur darin bestehen, ein Netz elektronischer Verbindungen zwischen diesen Forschungslabors und Hochschulen zu schaffen, damit sie Ressourcen, Werkzeuge und die Ergebnisse ihrer Arbeit austauschen konnten. Ein derartiges Netzwerk würde die Arbeit der ARPA signifikant erleichtern und dem US-amerikanischen Steuerzahler viel Geld sparen.

Außerdem hatte ein solches Netzwerk noch einen weiteren Vorteil. Es konnte so konstruiert werden, dass es den Ausfall einzelner Teile weitgehend verkraften konnten. Die Nachrichten würden sich über das Netz einen anderen Weg zu ihrem Ziel suchen.

Taylor wollte Larry Roberts als Projektleiter. Dieser Wissenschaftler arbeitete damals an den Lincoln Labs in Boston und hatte gar nicht die Absicht, nach Washington umzuziehen. Taylor fand allerdings heraus, dass mehr als die Hälft des Budgets dieser Forschungsstätte vom Verteidigungsministerium kam. Deshalb hatte Larry Roberts zuletzt keine Wahl.

Netzwerke können verschiedene Formen annehmen. Denken wir zuerst an das Spinnennetz. Es hat verschiedene Stränge und Verbindungen, aber in seinem Zentrum sitzt die Spinne und wartet auf Beute. Es existiert offensichtlich eine Zentrale des Netzes. Diese kann zerstört werden und zieht die Vernichtung des Netzes nach sich. Wenn für das Netzwerk Redundanz gefordert wird, ist diese Ausprägung eines Netzwerks folglich für das Design weniger gut geeignet.

Fluglinien setzen auf eine andere Art von Netzwerk. Stellen

wir uns vor, ein Passagier will von Huntsville, Alabama, nach Stuttgart fliegen. Vermutlich gibt es nicht allzu viele Menschen, die jeden Tag auf dieser Route fliegen wollen. Für die Fluggesellschaft lohnt sich deshalb eine direkte Route nicht.

Es werden sich allerdings jeden Tag ein paar hundert Fluggäste finden, die von Atlanta in Georgia nach Frankfurt am Main fliegen wollen. Die Route sieht also so aus: Huntsville – Atlanta – Frankfurt – Stuttgart.

Ein Netz dieser Art hat Knoten, die gegenüber anderen eine besondere Stellung aufweisen, wichtiger sind. In diesem Fall handelt es sich um Atlanta und Frankfurt.

Was die Redundanz, den Ausfall eines Netzknotens betrifft, so erfüllt ein Netz dieser Art bereits besser die Anforderungen als das zuvor beschriebene Netz. Fällt der Netzknoten Frankfurt aus, zum Beispiel wegen eines tagelang anhaltenden Schneesturms, so kann der Passagier auf eine andere Route ausweichen, um sein Ziel Stuttgart zu erreichen. Als alternative Route würde sich anbieten: Huntsville – Atlanta – Paris – Stuttgart.

Die dritte Ausprägung des Netzes ist das Werkzeug eines Fischers. In einem solchen Netz sind alle Knoten gleich. Es ist in der Lage, trotz des Ausfalls eines oder mehrerer Netzknoten und ihrer Verbindungen weiterhin zu funktionieren, unter Umständen mit gewissen Einschränkungen seiner Leistungsfähigkeit.

Anfang der 1960er Jahre kamen auf zwei verschiedenen Kontinenten, und vollkommen unabhängig voneinander, zwei Männer zu der gleichen Schlussfolgerung: *Packet Switching*, das Versenden von Nachrichten über ein Netzwerk in kleinen Paketen. Diese zwei Forscher waren Paul Baran und Donald Davies.

Das Telefonnetz von AT&T zu dieser Zeit war so ausgelegt, dass nicht mehr als fünf Leitungen direkt hintereinandergeschaltet werden konnten. Das hing mit der nachlassenden Qualität der Verbindung zusammen. Wir können uns das vorstellen wie bei einem Blatt Papier, dessen

Text mehrfach kopiert wird. Bei der x-ten Kopie ist der Text kaum mehr lesbar.

Allerdings sollten über das geplante Netz Dateien übertragen werden, die aus Bits und Bytes bestanden, letztlich also eine Folge von Nullen und Einsen. Eine Verringerung der Qualität war nicht hinnehmbar. Was gesendet wurde, musste in der genau der gleichen Zusammensetzung der Bits und Bytes beim Empfänger ankommen. Fehler konnten keinesfalls toleriert werden.

Barans Konzept sah vor, die Nachrichten – oder Dateien – in kleine Blöcke oder Pakete aufzuteilen. Diese sollten beim Sender mit einer Nummer versehen werden und konnten in beliebiger Reihenfolge beim Empfänger einlaufen. Es gehörte dann zu den Aufgaben des Empfängers, sie wieder sequentiell zu ordnen. Ging ein Datenpaket auf dem Weg durch das verzweigte Netzwerk verloren oder kippten Bits, war der Inhalt also beschädigt, musste der Empfänger das Paket erneut anfordern.

Was den Weg durch das Netz betraf, so war der Weg des Datenpakets nicht starr vorgegeben. Vielmehr sollte es sich verhalten wie ein Fernfahrer, der seine Route ändern kann, wenn er mit Staus rechnen muss. Insofern würde sich das Datenpaket verhalten wie ein Trucker, der eine Ladung von Chicago nach Los Angeles bringen soll. Unterwegs erfährt er allerdings über das Citizen Band, also Sprechfunk, dass im Großraum von L. A. ein bestimmter Highway blockiert ist. Er wird sich folglich darauf einstellen und seine Routenplanung anpassen.

Was unser Netzwerk betrifft, so sollten die Informationen über die Routen in Dateien der Netzwerkrechner gespeichert werden. Diese Vorgehensweise wurde als *adaptive* oder *dynamic routing* bezeichnet.

Das Pentagon schlug durch die Air Force der Telefongesellschaft AT&T vor, das Netzwerk zu bauen und zu unterhalten. Dort hielt man das Konzept für nicht tragfähig, sogar völligen Blödsinn, und weigerte sich, diesen Auftrag anzunehmen.

Während sich Baran auf Themen wie Redundanz und Zuverlässigkeit konzentrierte, befasste sich Davies eher mit der Konfiguration der Datenblöcke. Er rechnete damit, dass viele verschiedenartige Computer an das Netz angeschlossen werden wollten. Diese setzten verschiedene Hardware ein, hatten unterschiedliche Betriebssysteme, verwendeten jeweils andere Sprachen und Prozeduren.

Im Gegensatz zu der Reaktion von AT&T in den USA wurden die Vorschläge von Davies von der britischen Telefongesellschaft begrüßt. Er wurde ermuntert, sich um finanzielle Mittel für ein experimentelles Netzwerk zu bemühen.

Ein wichtiger Meilenstein zum Test des Konzepts war ein Versuch, der im Jahr 1965 von Tom Marill in den Lincoln Labs in Boston durchgeführt wurde. Zweck dieses Versuchs war es, eine Datenverbindung zwischen dem Rechner TX-2 in Boston und der Q-32 von SDC in Kalifornien herzustellen und eine Nachricht zu übertragen.

Zur Durchführung wurde ein Kabel von der Telefon-gesellschaft Western Union angemietet, das aus vier Kupferdrähten bestand. Es sollte im Voll-Duplex-Zustand betrieben werden, also mit einer Übertragungsmöglichkeit in beiden Richtungen. Marill hatte dazu ein Gerät gebaut, das wir heute ein Modem nennen würden. Er nannte es *Automatic Dialer*. Damit war eine Datenübertragung mit einer Ge-schwindigkeit von immerhin 2 000 Bits pro Sekunde möglich.

Über diese Datenleitung wurden Nachrichten übertragen, die aus Buchstaben bestanden. Marill schuf eine Prozedur, um die korrekte Ankunft einer Nachricht überprüfen zu können. Kam die Nachricht nicht an oder war deren Inhalt beschädigt, wurde sie erneut angefordert und ein zweites Mal übertragen. Er nannte diese Prozedur Protokoll.

In seinem Bericht an die ARPA im Jahr 1966 schrieb Marill, das er keine grundsätzlichen Hindernisse sehe, um Daten über ein Netzwerk zu übertragen. Allerdings muss betont werden, dass die Zuverlässigkeit der Leitung zu diesem Zeitpunkt zu wünschen übrigließ und die Antwortzeiten unbefriedigend [6] waren.

Als die ARPA bei einem Treffen mit den Vertretern der Universitäten und Forschungslabors in Ann Arbor vorschlug, ihre Computer miteinander zu verbinden, in ein Netzwerk einzubinden, war die Reaktion nicht gerade euphorisch. Speziell die Hochschulen an der Ostküste sahen keinen Grund, ihre Computer mit denen der Universitäten in Kalifornien zu verbinden.

Auf Grund der Ablehnung des ursprünglichen Vorschlags durch die Auftragnehmer der ARPA entschloss man sich, das Konzept zu ändern. Nun sollten die Computer nicht direkt ein Teil des Netzwerks sein. Vielmehr würde ein kleiner Computer vorgeschaltet werden, der die Nachrichten aus dem Netz empfing und sie an die Hosts (Gastrechner) weiterleiten würde. Dieser Computer bekam den Namen Interface Message Processor (IMP).

Larry Roberts schlug vor, dass das Netz in seiner ersten Ausbaustufe aus vier Netzknoten bestehen sollte. Dafür waren vorgesehen:

1. Die Universität von Kalifornien in Los Angeles (UCLA)
2. Das Stanford Research Institute (SRI)
3. Die Universität in Utah
4. Die Universität von Kalifornien in Santa Barbara

Die UCLA musste teilnehmen, weil dort das Network Measurement Center (NMC) aufgebaut werden sollte. In der zweiten Ausbaustufe sollten neunzehn Universitäten und Forschungseinrichtungen ein Teil des Netzwerks werden.

Das Stanford Research Institute war aufgenommen worden, weil Doug Engelbart dort arbeitete. Das war der Mann, der eine Vorrichtung erfunden hatte, die er einen X-Y-Positions-Indikator nannte. Er beantragte sogar ein Patent. Heute trägt diese Erfindung den Namen Maus und ist allgegenwärtig.

Ende Juli 1968 hatte Roberts die Ausschreibung für das geplante experimentelle Netzwerk fertig und sandte sie an 140 Firmen, die am Auftrag der ARPA interessiert sein mochten.

Die erste Reaktion auf die Ausschreibung kam von IBM und Control Data Corporation (CDC). Beide Unternehmen lehnten es ab, sich an dem Wettbewerb zu beteiligen, weil sie keine Chance sahen, es mit verfügbarer Hardware kosteneffektiv betreiben zu können.

Roberts hingegen dachte weder an das Modell /360 von IBM noch an einen Computer von CDC. Er stellte sich als Rechner für die IMPs eher eine PDP-8 von Digital Equipment vor, also einen Minicomputer.

Als im Laufe der Wochen die Angebote im Pentagon eingingen, hatten sich die meisten Anbieter für das Modell DDP-516 von Honeywell entschieden. In seiner für ein harsches militärisches Umfeld (ruggedized) ausgelegten Version sollte dieser Computer 80 000 Dollar kosten.

Es wurden mehr als ein Dutzend ernsthafte Angebote eingereicht. Raytheon, ein Kunde des Pentagons in der Gegend von Boston, war unter den Finalisten. Den Auftrag gewonnen hatte, ein paar Tage vor Weihnachten, allerdings eine weitgehend unbekannte Firma aus Boston: Bolt, Beranek & Newman (BBN).

2.2.1 Der Stand der Technik

For a successful technology, reality must take precedence over public relations, for nature cannot be fooled.
Richard Phillips Feynman

In den 1950er Jahren hatte Sperry Rand mit der UNIVAC (UNIVersal Automatic Computer) ohne Zweifel die günstigste

Ausgangsposition, um den neuen Markt beherrschen zu können. Dieser Rechner basierte auf der bereits in Betrieb befindlichen ENIAC. Die erste Maschine wurde am 31. März 1951 an das Amt zur Durchführung der Volkszählung ausgeliefert.

Hier die technischen Details dieses Ungestüms aus der Frühzeit der Computer:

- 5 200 Vakuumröhren

- Gewicht: 13 Tonnen

- Stromverbrauch: 125 kW

- 1 905 Operationen pro Sekunde bei 2,25 MHz

- Benötigte Grundfläche: 35,5 Quadratmeter

- Hauptspeicher: 1 000 Worte mit 12 Buchstaben

- Zahlen: Elf Dezimalstellen plus ein Vorzeichen

- Puffer für Input/Output: 60 Worte

- Instruktionen: 6 alphanumerische Zeichen, bestehend aus zwei Worten

- Zeit für eine Addition: 2 150 Mikrosekunden

- Peripherie: Bis zu zehn Magnetbänder, Fernschreiber, ein Oszilloskop.

IBM hingegen hatte sich mit seinen Tabelliermaschinen, die mit Lochkarten arbeiteten, einen guten Ruf erworben. Man muss wissen, dass in den USA auf Grund eines Gesetzes alle zehn Jahre eine Volkszählung durchgeführt werden muss. Dies ist jedes Mal ein beträchtlicher logistischer Aufwand, und ohne maschinelle Hilfe ist diese Arbeit kaum zu bewältigen.

Was noch für IBM sprach, war eine gut ausgebildete Mannschaft aggressiver Vertreter. Ein Nachteil von Sperry Rand war, dass seine Rechner die von IBM verwendeten Lochkarten nicht lesen konnten. Banken und Versicherungen hatten allerdings große Datenmengen auf diesem Medium gespeichert und scheuten den Aufwand, diese Daten auf einen von der UNIVAC lesbaren Datenträger manuell umzusetzen. Sie warteten lieber, bis IBM seine Computer ausliefern konnte.

Ende der 1960er Jahre kam der Spruch von Schneewittchen und den sieben Zwergen auf. In diesem Spielchen war IBM Schneewittchen, und die sieben Zwerge stellten die folgenden Unternehmen dar:

1. Burroughs
2. Sperry Rand mit der UNIVAC
3. National Cash Register
4. Control Data Corporation
5. General Electric
6. Radio Corporation of America (RCA)
7. Honeywell

IBM hatte sich eindeutig an die Spitze des Markts gesetzt, war in Banken und Versicherungen allgegenwärtig. Digital Equipment tauchte in dieser Liste noch gar nicht auf. Es nannte seine Rechner nicht mal Computer, sondern programmierbare Data Processor (PDP), um nicht in direkte Konkurrenz zur mächtigen IBM zu treten.

IBMs Rechner waren große blaue Kisten, die mit Lochkarten gefüttert wurden und eine Aufgabe gleichzeitig abarbeiten konnten. In großen Unternehmen und Konzernen war die EDV bald ein Staat im Staate. Die Fachabteilungen hatten keinen direkten Zugriff auf den zentralen Rechner. Sie durften ihre Lochkarten abgeben, und wenn sie Glück hatten, bekamen sie einen Tag später ein Ergebnis auf Papier.

Diese Situation war unbefriedigend für die Anwender, aber sie konnten über Jahre hinweg nicht viel dagegen unternehmen. Doch es gab Hoffnung. In Boston machte man sich Gedanken über ein Konzept, das *Time Sharing* genannt wurde. Dabei teilen sich mehrere Anwender den Prozessor eines Computers. Zwar kann die CPU immer nur eine Aufgabe zu einer Zeit erledigen. Wenn sie allerdings schnell genug arbeitet, sieht es für den Anwender so aus, als gehöre ihm der Computer ganz alleine.

Weitgehend unbemerkt von der Öffentlichkeit, selbst dem Management der eigenen Firma, arbeiteten bei Ma Bell in New Jersey zwei begabte Programmierer, nämlich Brian W. Kernighan und Dennis M. Ritchie, an einem Betriebssystem, das den Namen UNIX [9, 10] bekommen sollte.

UNIX war von vorherein darauf ausgelegt, diese zwei Funktionen zu realisieren:

1. Multi users
2. Multi tasking

Die zweite Forderung bedeutet, dass der Prozessor mit Hilfe des Betriebssystems in der Lage sein soll, mehrere Tasks quasi gleichzeitig zu bearbeiten. Die Strategien dafür sind verschieden, aber man kann sich vorstellen, dass jede Task mal drankommen soll. Eine Task kann man dabei als ein in der Ausführung befindliches Programm betrachten.

Was die Hardware betrifft, so hatte sich für den Speicher in Europa inzwischen der Magnet-Kernspeicher durchgesetzt. Er bestand aus magnetischen Ringen, die eine elektrische Ladung tragen konnten. Die alten Hasen unter den Programmierern sprechen noch heute von Kernspeicher, wenn sie Hauptspeicher meinen. Das Schöne an dieser Art von Speicher war, dass man den Computer zu Feierabend abstellen konnte. Wurde der Rechner am nächsten Morgen eingeschaltet, stand er genau da, wo man am Abend zuvor aufgehört hatte. Der Speicherinhalt war nicht gekippt, sondern blieb erhalten.

Das war der Stand der Technik, als jene kleine Firma aus Boston ihr Angebot für den Bau des Netzes im Pentagon einreichte.

2.2.2 Das Angebot

"I'm gonna make him an offer he can't refuse."
Marlon Brando, THE GODFATHER

Richard Bolt und Leo Beranek gründeten ihr Unternehmen im Jahr 1948 als Berater im Bereich der Akustik. An Computer dachten sie dabei nicht im Entferntesten. Die Firma machte sich einen Namen bei großen Gebäuden wie Konzertsälen. Sie wirkte auch beim Bau des Hauptquartiers der UNO in New York mit.

Wenn wir von Akustikern reden, dürfen wir die Zeitläufte nicht aus dem Blick verlieren. Die Sowjetunion sandte schwer bewaffnete U-Boote aus dem Eismeer nach Süden. Sobald sie in den Nordatlantik vordrangen, fiel der US Navy die Aufgabe zu, diese U-Boote anhand des Geräuschs ihrer Schiffsschraube zu orten und zu identifizieren. Das war natürlich eine Aufgabe, bei der Fachleute im Bereich der Akustik gebraucht wurden.

Im Jahr 1957 heuerte Beranek Licklider für BBN an. Er hatte Licklider bereits während des Zweiten Weltkriegs kennengelernt. Er konnte sich vorstellen, dass dessen Kenntnisse der Mensch-Maschine-Schnittstelle [11] in Zukunft für die Beratungstätigkeit der Firma nützlich sein konnten. Der neue Angestellte kam gleich mit dem Vorschlag, einen Computer für 25 000 Dollar anzuschaffen. Er wusste nicht einmal genau, was er damit anstellen wollte. Beranek genehmigte die nicht gerade unbeträchtliche Investition dennoch.

Nachdem die neue Maschine gerade Mal ein paar Tage im Haus war, schaute Ken Olson herein. Der Gründer von Digital Equipment erzählte, dass er einen Prototyp zur Verfügung habe, eine PDP-1. Er bat darum, dass sich die Ingenieure von BBN diesen Computer ansehen sollten.

Allerdings war dieser Computer so groß, dass er nicht durch die Türen kam. Man platzierte ihn kurzerhand in der Lobby des

Gebäudes. Als die erste PDP-1 für 150 000 Dollar auf den Markt kam, war BBN der erste Kunde von DEC.

Als die ARPA zur Abgabe von Angeboten für das Netzwerk aufforderte, wurde bei BBN Frank Heart zum Leiter der Gruppe ernannt, die das Angebot ausarbeiten sollte. Zum Zeitpunkt seiner Fertigstellung umfasste es mehr zweihundert Seiten Papier und hatte BBN mehr als 100 000 Dollar gekostet. Als die Nachricht von dem gewonnenen, Millionen schweren Auftrag der ARPA Massachusetts erreichte, sandte Senator Edward Kennedy BBN gleich ein Telegramm, um zu gratulieren. Darin war vom *Interfaith Message Processor* die Rede.

Bei der Ausarbeitung ihres Vorschlags mussten die Mitarbeiter von BBN daran denken, die Puffer des Rechners nicht zu überlasten. Sie gingen davon aus, dass Nachrichten maximal 8 000 Bits lang sein konnten. Die IMPs würden sie in Pakete herunterbrechen, von denen jedes maximal 1 000 Bits umfassen durfte.

Während bei BBN an der Ausarbeitung des Angebots gearbeitet wurde, hatte Donald Davies in London die Erlaubnis bekommen, im National Physical Laboratory in London ein kurzes Netz im Gebäude dieser Forschungseinrichtung zu bauen.

Bei BBN hatte man sich die zu dieser Zeit angebotenen Computer angesehen und sich zuletzt für das Modell DDP-516 von Honeywell entschieden. Die wesentlichen Merkmale der Computer dieser Reihe stellen sich wie folgt dar:

- Akkumulator und zweites Register zur Durchführung arithmetischer Operationen
- Arbeitsspeicher als Magnetspeicher, maximal 32 k × 16 Bit, also 64 Kilobyte
- Peripherie: Fernschreiber ASR33/35

In den 1950er Jahren programmierte man Computer in ihrer eigenen Maschinensprache oder in Assembler. Die ersten

Compiler für FORTRAN und COBOL kamen Ende dieses Jahrzehnts auf den Markt, fanden aber nicht sofort weite Verbreitung.

Sehen wir uns eine kurze Zeile mit einer arithmetischen Operation an:

```
c = a + b;
```

Auf den ersten Blick könnte man dies für eine Gleichung halten. Für einen Computer und eine höhere Programmiersprache ist es, im Jargon der Programmierer, ein Statement. Wir sollten diese Zeile so lesen, nämlich von rechts nach links: Aus b und a ergibt sich c.

Damit haben wir keine Gleichung mehr, sondern eine Wertzuweisung. Während diese Zeile selbst für einen Laien leicht verständlich ist, wird es umständlicher, wenn wir diese Wertzuweisung in Maschinencode oder Assembler programmieren müssten. Nun sind die folgenden Schritte notwendig:

```
1. Hole a in den Akku;
2. Hole b in das Register;
3. Führe die Addition durch; c steht
   anschließend im Akku;
4. Stelle das Ergebnis im Akku in die Zelle des
   Speichers, die durch c gekennzeichnet ist;
```

Dieser Pseudocode ist bereits wesentlich schwerer zu verstehen. Er ist nicht mehr problemorientiert, sondern muss die Eigenschaften einer bestimmten Hardware berücksichtigen.

Die Programmierer bei BBN gingen nach ihren ersten überschlägigen Berechnungen davon aus, dass sie etwa 150 Lines of Code in Assembler benötigen würden, um ein Paket durch den IMP zu schleusen. Leider hatten sie zu dieser Zeit keine Maschine zur Verfügung, um das zu testen.

Eine weit verbreitete Technik, um Fehler in Datenblöcken zu entdecken, ist die Berechnung einer *Checksum*. Mit einer solchen Quersumme aus den übertragenen Bits gelingt es in den meisten Fehler, gekippte Bits zu identifizieren. Die Frage ist natürlich, wie viele Bits man für die Checksum reservieren will. Genügt man sich mit zwei Bits, könnten einem Fehler entgehen. Entscheidet man sich für mehrere Bits, benötigt man mehr Platz, verschwendet unter Umständen Ressourcen. Beim IMP wurden letztlich 24 Bits verwendet.

Eine wichtige Frage während der Planungsphase war auch die Zahl der Hosts, die an einen IMP angeschlossen werden konnten. Zunächst bestand nur die Forderung nach dem Anschluss eines Computers. Die Betreiber der Rechenzentren machten BBN aber rasch klar, dass sie mehrere Computer anzuschließen gedachten. Deshalb wurde diese Zahl auf 4 erhöht.

Die IMPs waren so ausgelegt, dass sie lediglich die ersten 32 Bits einer Nachricht lesen würden. Der Rest interessierte sie nicht. In diesem Header waren das Ziel und die Herkunft der Nachricht sowie einige Kontrollinformationen gespeichert. Wenn die Nutzer des Netzwerks, die über sehr verschiedene Hardware und Betriebssysteme verfügten, mit dem Inhalt einer Nachricht etwas anfangen wollten, waren sie gezwungen, für deren Behandlung einen einheitlichen Standard zu entwickeln.

Der erste Rechner von Honeywell, IMP Number 0, wurde zwar rechtzeitig an BBN ausgeliefert, wies aber erhebliche Mängel in der Verdrahtung des Speichers auf. Unter normalen Umständen hätte man das Gerät einfach zurückgeschickt. Weil die Ingenieure bei BBN aber unter erheblichem Zeitdruck standen, mussten sie diesen Rechner selbst reparieren.

Die Spezifikation der ARPA hatte *dynamic routing* genannt, zur Umsetzung dieser Strategie aber keine Vorgaben gemacht. Die Programmierer bei BBN schufen dafür Tabellen, die im Sekundentakt oder kürzer aufgefrischt werden konnten. Damit würde ein Datenpaket, das sein Ziel noch nicht erreicht hatte, Informationen über die vor ihm liegende Wegstrecke bekommen. Diese Tabellen würden Informationen über blockierte Wege und mögliche Staus enthalten und generell den kürzesten möglichen Weg vorgeben.

Eines der größten Probleme mit der DDP-516 waren sporadisch auftretende Fehler, die schwer zu lokalisieren waren. Die Programmierer verdächtigten bald die Clock des Rechners, beziehungsweise eine ungenügende Synchronisierung verschiedener Komponenten des Systems. Unter normalen Umständen hätte die DDP-516 mit diesem Fehler ein Jahr lang laufen können, bis er das erste Mal auftrat. Im Einsatz als IMP trat er jeden Tag einmal auf. Das war bei der geforderten Zuverlässigkeit des ARPANET einmal zu viel.

2.2.3 Das Netz auswerfen

Great steps in human progress are made by things that don't work the way philosophy thought they should. If things always worked the way they should, you could write the history of the world from now on. But they don't, and it is these deviations from the normal that make human progress.
    Charles F. Kettering

Als er das ARPANET geplant hatte, hatte sich Larry Roberts für das Network Measurement Center in Kalifornien als die Stelle entschieden, die das Netzwerk testen und dessen Leistungs-fähigkeit analysieren sollte.

An der Universität von Kalifornien in Los Angeles (UCLA) ging man davon aus, dass die Programmierer bei BBN in erster Linie daran interessiert waren, ihren Code zum Laufen zu bringen. Dessen Leistungsfähigkeit für sie aber eher sekundär sein würde.

Ein weiteres drängendes Problem in diesen Tagen war die Erstellung des Host-zu-Host-Protokolls. So lange es nicht zur Verfügung stand, hingen die Rechner zwar am Netz, konnten aber wegen Verständigungsproblemen keine Daten austauschen.

Im Sommer 1968 traf sich eine kleine Gruppe von Studenten, die von den vier Instituten kamen, die zuerst an das ARPANET angeschlossen werden sollten, in Santa Barbara. Die Teilnehmer stürzten sich mit Enthusiasmus in die Arbeit. Die Diskussionen waren fruchtbar und konstruktiv, aber jemand musste ein Protokoll schreiben, um die Ergebnisse zu dokumentieren. David Crocker tat dies in der Form eines Request for Comments, eines RFC. Dieses Vehikel sollte in Zukunft der bevorzugte Weg im Internet werden, um Vorschläge zu machen, Lösungsmöglichkeiten zu diskutieren und am Ende zu einer tragfähigen Lösung zu kommen.

Die Computer waren in jener fernen Vergangenheit so konstruiert, dass die CPU den Ton angab und die peripheren Geräte zu gehorchen hatten. Im Jargon der Branche spricht man von Master (der CPU) und Slave, also den peripheren Einheiten.

Was das Protokoll betraf, so einigte sich die Network Working Group (NWG) auf einen Ansatz, der von mehreren Ebenen ausgeht. Die unterste Schicht des Protokolls sollte einfach eine Reihe von Bits transportieren, ohne auf deren Inhalt zu achten. Es kam gar nicht darauf an, ob es sich um eine Datei, eine Grafik oder andere Daten handeln würde.

Man einigte sich darauf, dass die ersten Applikationen das *Remote Login* und das Transportieren von Dateien, also *ftp*, sein würden.

Im September 1969, kurz vor dem Labor Day, lieferte BBN den ersten IMP an die Universität in Los Angeles aus. Sie wurde mit deren Rechner, einer Sigma-7, verbunden. Alle warteten gespannt darauf, was passieren würde. Der IMP machte genau an der Stelle weiter, wo er in Massachusetts bei den Tests aufgehört hatte, und führte die Diagnostikprogramme aus. Weil lediglich ein einziger Netzknoten existierte, kam der Rechner nicht weit. Aber die beiden Computer kommunizierten miteinander. Das war der Zweck der Übung.

Während die Sigma-7 ein kommerzieller Rechner war, der in Serie gebaut wurde, handelte es sich beim Computer von SRI, der 940 von CDC, um eine Neuentwicklung, die das Time Sharing Konzept umsetzen sollte.

Während bei Rechnern auf der Basis von UNIX und seiner Abkömmlinge der Nutzer beim Einschalten sofort auf das Kommando *Login* stößt, wartete die 940 auf die Eingabe eines Kommandos. Bei LOGIN handelte es sich einen derartigen Befehl.

Als sich der erste Student bei SRI einloggen wollte, stürzte die Maschine prompt ab. Das lag daran, dass auf der Gegenseite die ersten drei Buchstaben korrekt erkannt und in anderer Schreibweise ausgeben wurden. Dann wollte der Computer das Kommando ergänzen, also den Wortfetzen IN hinzufügen. Allerdings war die Schnittstelle so ausgelegt, dass nur ein Buchstabe zu einer Zeit übertragen werden konnte. Der Rechner stürzte ab.

Den dritten IMP bekam die Universität in Santa Barbara, während der vierte Rechner nach Utah geflogen wurde. Bis Ende des Jahres 1969 hatte die Network Working Group allerdings noch immer kein Protokoll, mit dem verschiedene Rechner miteinander kommunizieren konnten. Sie lieferten allerdings eine Prozedur namens TELNET, mit der das Einloggen in das Netz von einer entfernten Stelle (remote login) möglich war. Ein Jahr später lieferte die NWG ein Protokoll, das sie Network Control Protocol (NCP) nannten.

Als BBN im Frühjahr 1970 selbst einen IMP bekam und an das Netzwerk anschloss, eröffnete sich die Möglichkeit, Dateien und Berichte über den Zustand des ARPANET über das Netz zu verschicken. Weil die Kunden an der Westküste saßen, erleichterte das die Arbeit enorm.

Die IMP 6 bis 9 wurden an die folgenden Organisationen ausgeliefert:

- Massachusetts Institute of Technology
- Der Think Tank RAND
- System Development Corporation
- Die Universität Harvard

Das Netz wuchs nun mit der Geschwindigkeit von einem Netzknoten im Monat. AT&T stellte für die Verbindung von Ost- zur Westküste eine Leitung zur Verfügung, die 50 Kilobit pro Sekunde schaffte.

Bei BBN entschloss man sich, die DDP-516 durch das neuere Modell 316 zu ersetzen. Dieser Computer war um zwanzig Prozent billiger.

Mit der Qualität der von Honeywell gelieferten Hardware war man bei BBN weiterhin nicht zufrieden. Als die Ingenieure von BBN bei einem Treffen mit Vertretern des Lieferanten vorrechneten, dass die Computer auf der Basis eines Tags mit 24 Stunden 97 Prozent der Zeit verfügbar waren, kam man bei den Leuten von Honeywell aus dem Staunen nicht mehr heraus. Sie hielten eine Ausfallzeit von drei Prozent für großartig!

Bei BBN war man in dieser Frage gänzlich anderer Meinung. Man zielte auf eine Verfügbarkeit von 100 Prozent.

Eine weitere Neuerung in jenen Tagen war der direkte Anschluss eines Terminals an das Netz. Man sprach von einem Terminal IMP, oder kurz TIP.

Man hatte einige Jahre an einem File Transfer Protocoll (FTP) gearbeitet. Diese Tätigkeiten kamen schließlich mit RFC 354 zum Abschluss.

Das wirkliche Problem für das ARPANET im Herbst 1971 war die Auslastung. Nicht die Überlastung, wohlgemerkt. Im Durchschnitt wurden jeden Tag 675 000 Datenpakete transportiert. Das waren rund zwei Prozent der maximal möglichen Last von 30 Millionen Paketen am Tag.

In den Jahren von 1972 bis 1980 wurde die E-Mail als ein bequemer Weg zum Austausch von Nachrichten über das ARPANET von einer Vielzahl früher Nutzer entdeckt. Im Jahr 1973 bestand drei Viertel des Verkehrs über das Netz aus E-Mails. Die Computer Corporation of America verkaufte für 40 000 Dollar eine Software, die auf einer PDP-11 laufen sollte. Eine andere Firma bot für IBMs /360 und /370 ein Programm an, das den gleichen Service für 18 000 Dollar bereitstellen sollte.

Dave Crocker führte in diesen Tagen ein kleines Experiment durch, um zu erkunden, wie sich durch das ARPANET und die E-Mail das Verhalten seiner Kollegen und Partner gewandelt hatte. Zu diesem Zweck sandte er um 5 Uhr am Nachmittag an 130 Menschen eine Nachricht. Die Reaktion war wie folgt:

- Sieben Teilnehmer antworteten innerhalb von neunzig Minuten
- 28 Teilnehmer meldeten sich innerhalb einer Zeitspanne von 24 Stunden

Das mag für heutige Verhältnisse nicht ungewöhnlich erscheinen. Für die 1970er Jahre war es verblüffend schnell. Und vergessen wir nicht: Ein Brief aus Europa in die USA benötigt selbst im 21. Jahrhundert noch eine Woche.

2.3 Ein Netz der Netze

Die frühen 1970er Jahre waren die Zeit, als einige Fachleute damit begannen, über weitere Möglichkeiten zur Vernetzung von Computern nachzudenken. Das Senden von Nachrichten in kleinen Paketen über ein Netzwerk funktionierte und konnte nicht mehr wesentlich verbessert werden.

Bob Taylor hatte im Jahr 1969 dafür gesorgt, dass finanzielle Mittel für die Entwicklung eines Netzwerks in Hawaii bereitgestellt wurden. Es sollte von Professor Norm Abraham und seinen Kollegen geschaffen werden. Sie konstruierten ein auf Funk basiertes System, das sieben Computer auf den vier Hauptinseln von Hawaii umfasste. Sie nannten es ALOHA.

Das ALOHANET setzte kleine Sender ein, wie sie auch von Taxifahrern benutzt werden. Anstatt verschiedene Frequenzen zu verwenden, wie man das hätte erwarten können, wurde nur eine gleiche Frequenz genutzt. Die grundlegende Idee dabei war, dass jeder Teilnehmer senden konnte, wann er wollte. Falls allerdings ein anderes Gerät zu diesem Zeitpunkt bereits sendete, würden die Empfänger der Nachricht nicht in der Lage sein, diese richtig zu dekodieren. Wenn der Sender kein Signal bekam, dass die Nachricht richtig empfangen worden war, würde er einfach annehmen, dass sie nicht richtig übermittelt worden war. In diesem Fall würde er die gleiche Nachricht erneut senden.

Larry Roberts und Bob Kahn gefiel die Idee von Funkverbindungen zwischen Computern. Dies traf auch auf die Führung der Armee zu. Auf dem Schlachtfeld würden mobile Einheiten weniger verwundbar sein als eine fest installierte Station.

Auf der Erde musste wegen der schwindenden Leistung des Funksignals alle paar Kilometer eine Relaisstation eingerichtet werden. Bei Satelliten im Erdorbit [12] gab es keine derartige Begrenzung. Auf einer geeigneten Bahn konnte ein Satellit fast die gesamte halbe Erdkugel unter ihm sehen.

Die Idee war nicht nur für das Pentagon interessant, sondern auch für die Staaten in Europa. Damals verließ man sich zur Datenübertragung in erster Linie auf Seekabel. Diese waren teuer und nicht besonders zuverlässig.

Das geplante Netz bekam den Namen SATNET. Die Forscher in den USA wurden von Kollegen in England und Norwegen unterstützt, und später schlossen sich auch Italien und Deutschland dem Projekt an. Für eine gewisse Zeitspanne war SATNET durchaus ein Erfolg. Bis die Telefongesellschaften ihre Kupferkabel durch schnellere Glasfaserleitungen ersetzten.

2.3.1 Ein Netz für Rechenzentren

Ein Vorurteil ist schwerer zu zerstören als ein Atom.

Albert Einstein

In den vergangenen Jahrzehnten haben sich zwei diametral entgegengesetzte Konzepte zur Nutzung der Ressourcen eines Computers einen Kampf um die Gunst der Nutzer und Käufer geliefert:

1. Ein mächtiger zentraler Computer stellt Rechnerleistung für eine Gruppe von Nutzern zur Verfügung.
2. Jeder Mensch bekommt seinen eigenen, persönlichen Computer: Der PC.

Der erste Vorschlag hatte in San Francisco in den 1960er Jahren durchaus Unterstützer. Man verglich die Nutzung eines Computers mit dem Elektrizitätswerk und dessen Netz zur Stromverteilung. Der Nutzer würde ein ‚dummes' Terminal' bekommen, das über Datenleitungen mit einem zentralen Computer verbunden war.

Alle Programme, auch die Daten der Nutzer, würden im Speicher des zentralen Computers residieren. Wenn man einmal von Bedenken wegen des Datenschutzes absieht, in den USA ohnehin nie ein Aufreger, kann man in diesem Konzept durchaus Vorteile sehen. Die Wartung ist viel leichter und billiger als bei verteilten Rechnern, die Kosten könnten erschwinglich sein. Zudem wird es möglich, einen derartigen Rechner für die Gemeinde zu nutzen. Vom Programm des Theaters über die Anmeldung des Autos bis hin zu Wahlen.

Der eigene Computer für jeden Interessenten scheiterte bis in die 1980er Jahre hinein an den hohen Kosten. Das galt, bis IBM mit dem PC auf den Markt kam. IBM hatte kein Patent auf diese Maschine, sie wurde von Herstellern in Asien nachgebaut und dadurch erheblich billiger. Das Betriebssystem kam von einer bis dahin weitgehend unbekannten Firma namens Microsoft, und auch hier hatte die mächtige IBM keine exklusiven Rechte. Der Rest ist Geschichte…

Der PC war nicht zuletzt auch im geschäftlichen Bereich ein riesiger Erfolg, weil es die Mitarbeiter in den Fachabteilungen satthatten, sich von der zentralen EDV Vorschriften machen zu lassen. Sie hatten ihre eigenen Applikationen, und diese konnten sie nun selbst realisieren.

Über den Erfolg des PCs sollten wir nicht vergessen, dass damit in vielen Organisationen doppelter Aufwand einherging. Jeder Nutzer benötigte eine Lizenz für das Betriebssystem, und das galt im gleichen Maße für alle Applikationsprogramme.

Bald tauchten auch mobile Rechner auf. Es soll vorgekommen sein, dass der Vertreter einer Versicherung einem Kunden auf seinem Laptop in dessen Wohnzimmer vorrechnete, wie viel ihm oder ihr die Lebensversicherung jeden Monat kosten würde. Als dann ein paar Tage später der Versicherungsschein mit der Post eintraf, wurde dort ein anderer Betrag genannt.

Hier sollten wir erkennen, dass Zuverlässigkeit in verschiedenen Bereichen der Wirtschaft und Gesellschaft durchaus unterschiedlich interpretiert werden kann. Bei Banken und Versicherungen verlangen wir, dass jeder Kontoauszug, jeder Vertrag bis auf den Pfennig und Cent genau stimmt. Denn wer den Pfennig nicht ehrt, der könnte sich auch bei größeren Beträgen zu Ungunsten des Kunden verrechnen.

Anders sieht es dagegen beim Telefonnetz aus. Wenn ein einzelner Telefonanruf nicht durchkommt, können wir das verkraften. Das Netz muss aber so zuverlässig sein, dass es niemals ausfällt. Wir bestehen auf einem funktionierenden Netz, sieben Tage in der Woche, 24 Stunden am Tag. In gewissen Situationen darf das Telefonnetz auf keinen Fall ausfallen. Denken wir an den Atomreaktor in Three Miles Island [5]. Würde in einer derartigen Situation das Telefonnetz versagen, könnte es zu einer Massenpanik unter der

Bevölkerung kommen. Und haben wir in Deutschland in dieser Hinsicht mit einer Veranstaltung namens *Love Parade* nicht bereits eigene Erfahrungen machen müssen?

Der PC war ein riesiger kommerzieller Erfolg. Doch das Pendel begann, wieder zurückzuschwingen. Die *Cloud* wurde propagiert. Bei dieser Methode werden Programme und Daten wieder zentral gespeichert und verwaltet. Zu fragen ist natürlich, wo diese Cloud physikalisch residiert. Und das Recht welches Nationalstaats gelten soll.

Es fanden sich durchaus Befürworter für das neue Konzept. Angesichts der Spionageaktivitäten der NSA und des britischen GCHQ muss man allerdings fragen, ob die Cloud für Unternehmen und Privatleute nicht mit zu hohen Risiken verbunden ist.

Doch springen wir zurück zu den Netzwerken. Die frühen 1970er Jahre waren auch die Zeit, in denen im Forschungslabor von Xerox (PARC) in Kalifornien an einem kleinen Computer, vergleichbar mit dem PC, gearbeitet wurde. Bob Metcalfe arbeitete damals in Stanford an seiner Doktorarbeit. Er suchte noch nach einem geeigneten Thema, und fand es schließlich in ALOHA auf Hawaii. Während dieses Netz mit Funk arbeitete, griff der Forscher die Grundidee auf, erweiterte sie aber in wesentlichen Punkten:

1. Das neue Netz sollte um den Faktor 1 000 schneller sein als ALOHA
2. Kollisionen von Datenpaketen sollten entdeckt werden
3. Zur Realisierung sollten Kabel eingesetzt werden

Das Auftreten von Kollisionen im Netz sollte mit dem folgenden Mechanismus gemildert werden: Wenn eine periphere Einheit, sagen wir ein Terminal, eine Nachricht über das Netzwerk senden wollte, lauschte es zunächst auf Verkehr im Netz. Entdeckte es eine Datenübertragung, wurde das Senden der eigenen Daten verzögert, in der Regel um ein paar Millisekunden. Scheiterte auch der zweite Versuch, wurde die

Wartezeit auf ein paar hundert Mikrosekunden verlängert. In beiden Fällen wurde für die Berechnung der Wartezeit eine Zufallszahl verwendet.

Wie bei ALOHA kann es auch bei diesem Netz auf der Basis von Kabelverbindungen zu einem Stau kommen, wenn sehr viele Nutzer zur gleichen Zeit über das Netz Daten austauschen wollen.

Bob Metcalfe nannte sein Netzwerk im Jahr 1973 nach jenem geheimnisvollen Stoff, den es im Weltraum angeblich geben sollte, nämlich Ethernet. Das war natürlich, bevor Albert Einstein mit dieser Theorie aufräumte und seine These vom Dualismus Welle/Teilchen veröffentlichte.

Mit dem Ethernet stand nun ein Netzwerk zur Verfügung, mit dem Unternehmen, Universitäten und andere Organisationen die Rechner auf ihrem Gelände verbinden konnten: Ein lokales Netzwerk.

2.3.2 Die Aufspaltung des Protokolls

Im Jahr 1978 diskutierten Vint Cerf, Jon Postel und Danny Cohen bei einer Tagung der ARPA, bei der es um ein ganz anderes Thema ging, in einer Pause über die Weiterentwicklung des ARPANETs. Dabei wurde vorgeschlagen, das Transmission Control Protocol (TCP) in zwei Teile aufzuspalten: In Zukunft sollte TCP lediglich für die Funktionen zuständig sein, die nichts mit dem Weg der Datenpakete im Netz zu tun hatten, das Routing. Der Rest der Funktionen würde in das Internet Protocol (IP) migrieren.

Nach dieser Aufspaltung der Aufgaben würde das TCP für die folgenden Arbeiten zuständig sein:

1. Die Aufteilung von Nachrichten in Datenblöcke

2. Das Auffinden von Fehlern, die während der Übertragung auftraten
3. Ordnen der Datenblöcke beim Empfänger nach der Übertragung
4. Erneute Übertragung von beschädigten Datenblöcken über das Netzwerk

Das Internet Protocol hingegen würde dafür sorgen, dass Datenblöcke ihren Weg im Netzwerk fanden.

Das war eine generelle Richtlinie. Viele Einzelheiten mussten noch geklärt werden. Doch gegen Ende des Jahres war aus TCP das Kürzel TCP/IP geworden.

2.3.3 TCP/IP versus OSI

The average man suffers very severely from the pain of a new idea.
Admiral William S. Sims

Während in den USA das ARPANET gebaut wurde, waren die Europäer nicht untätig geblieben. Bei der International Organization for Standardization (ISO) in Genf hatte man ein Referenzmodell entwickelt, das als Basis für ein weltweites Datennetz dienen sollte.

Seitens der Schöpfer des ARPANETs hielt man dieses Modell für ein abstraktes Gebilde, dessen Vorgaben eher vage waren. Der hauptsächliche Kritikpunkt war allerdings, dass OSI ein Modell vorgab, das niemals realisiert worden war. Das ARPANET hingegen war ein Netzwerk, das in der Praxis seine Tauglichkeit zum Austausch von Daten bereits bewiesen hatte.

Was dem OSI-Modell vermutlich den Todesstoß versetzte, war eine andere Entwicklung, die weitgehend unbemerkt stattgefunden hatte. Ähnlich wie beim ARPANET erkannte das Management der Telefongesellschaft AT&T auch beim

Betriebssystem UNIX nicht, welchen Schatz es im eigenen Hause hatte. Wer immer es wollte, konnte den Quellcode anfordern. AT&T berechnete lediglich die Kosten für das Kopieren der Daten.

Die Folge war, dass dieses fast kostenlose Betriebssystem in den Universitäten und Forschungslabors der USA seinen Siegeszug antrat. An der Universität Berkeley an der Westküste wurde es leicht modifiziert, und bei Release 4.3 BSD UNIX [10] war TCP/IP als ein integrierter Teil des Betriebssystems vorhanden. Wer also dieses Derivat von UNIX auf dem eigenen Rechner installierte, konnte damit auch den Zugang zum ARPANET herstellen.

Von den USA wanderte Release 4.3 BSD UNIX zu den Universitäten und Hochschulen in Europa. Einige Unternehmen unternahmen Versuche, auf der Basis von OSI eigene, lizenzpflichtige Netzwerke und Protokolle durchzusetzen. Sie scheiterten.

2.4 Ein Internet

Im Jahr 1972 waren in England und Frankreich bereits Netzwerke in Betrieb, die auf der mit dem ARPANET entwickelten Technologie arbeiteten. Im Frühjahr 1973 redeten Vint Cerf und Bob Kahn bei einer Konferenz in San Francisco das erste Mal ernsthaft über ein Netz der Netze: Das INTERNET.

Sie verfielen auf die Idee, dass sie ein Gateway brauchen würden. Eine Stelle, an der Datenpakete von einem Netzwerk in ein anderes wechseln konnten. Sie waren sich darüber einig, dass die Datenpakete selbst dabei nicht verändert werden durften. Sie waren für die Umgebung ihres Netzes ausgelegt und daraufhin optimiert. Hier einzugreifen, würde konterproduktiv sein.

Ein anderes Problem war das Übertragen der Datenpakete, ihr Weg im Netzwerk. Wie beim ARPANET sollte auch im Internet der Weg nicht starr vorgegeben werden. Die Hauptsache war, dass der transportierte Inhalt unversehrt den Empfänger erreichte. Das Problem war, dass alle vorhandenen Netzwerke verschiedene Länge der Datenpakete und unterschiedliche Übertragungsraten aufwiesen.

Ein drittes Problem war die Zuverlässigkeit der Datenübertragung. Die auf Funk basierenden Netzwerke und das SATNET konnten in dieser Hinsicht mit dem landgestützten ARPANET nicht mithalten.

Man entschied sich am Ende für eine Lösung, die Professor Pouzin in Frankreich für das dortige Netzwerk Cyclades gewählt hatte. Er wies die Zuständigkeit für die Zuverlässigkeit der Übertragung den Hosts, also den am Netz hängenden Computern, zu.

Im Mai 1974 präsentierten Cerf und Kahn eine Lösung, die sich an einem Brief in einem Umschlag orientierte. Was die angeschlossenen Netzwerke an Datenpaketen lieferten, sollte vom Gateway wie ein Brief behandelt und in einem Umschlag gesteckt werden. Dieser würde im Anschluss von einem anderen Netz weiter transportiert werden.

2.5 Das Ende eines Experiments

All's well that end well.
William Shakespeare

Im Jahr 1983 hingen so viele Rechner am ARPANET, dass man sich im Pentagon wegen der Sicherheit der Daten und Informationen Sorgen zu machen begann. Das führte dazu, dass das MILNET als ein Netz des Militärs für nicht geheime Projekte abgetrennt wurde. Bevor dieser Trennung hatte das ARPANET 113 Netzknoten gehabt. Hinterher verblieben 45 Netzknoten.

Im Jahr 1979 entstand mit dem CSNET unter der Feder-führung der Universität von Wisconsin ein Netz US-amerikanischer Universitäten. Kanada folgte mit dem CDNet. Die National Science Foundation (NSF) unterstütze im Jahr 1985 den Aufbau eines Netzwerks, das fünf Supercomputer verband. Damit war der Kern des NFSNET geschaffen, das in den folgenden Jahren weiter wachsen sollte. Im Staat New York wurde das NYSERNET gebaut, in Kalifornien entstand das CERFnet.

Ende der 1980er Jahre waren weltweit viel mehr Computer an das NFSNET angeschlossen als an das ARPANET. Die ARPA war eine Organisation, die Forschung auf Gebieten fördern sollte, die mit Risiken verbunden waren, große Chancen eröffneten und weit in die Zukunft hineinwirkten.

Das ARPANET, geschaffen als ein experimentelles Netzwerk für eine kleine Gruppe von Universitäten und Forschungslabors der USA, hatte die Mission der ARPA in herausragender Weise erfüllt. Doch das Ziel war erreicht. Es war Zeit, das ARPANET abzuschalten.

Die verbleibenden Netzknoten wurden an andere Netzwerke angeschlossen, zum Beispiel das NSFNET. Oder an lokale Netze. Zum Jahresende 1989 stellte das ARPANET seinen Betrieb ein.

3 Ein weltweites Netz für die Massen

If you want one year of prosperity, grow grain.
If you want ten years of prosperity, grow trees.
If you want 100 years of prosperity, grow people.
                                    Chinesisches Sprichwort

Ende der 1980er Jahre hatte das ARPANET über alle Maßen hinaus die Erwartungen an ein experimentelles Netzwerk zur Demonstration einer bestimmten neuen Technologie erfüllt. Die damit verbundenen Standards, die Protokolle, die Software und Hardware war in andere Netzwerke eingeflossen, die auf den gleichen Prinzipien fußten.

Dennoch war das Internet, selbst wenn es nun die USA und Europa umfasste, in erster Linie ein Netz für Fachleute. Für Forscher, für Professoren und ihre Studenten an den Hochschulen.

Das sollte sich ändern, als der britische Wissenschaftler Tim Berners Lee, der damals am Kernforschungszentrum CERN in Genf arbeitete, daran ging, den PC, Netzwerke und Hypertext zusammenzuführen. Hypertext kann man sich als einen Standard vorstellen, mit dem verschiedene Inhalte behandelt werden können. Mit seinem Vorschlag schuf der Wissenschaftler das World Wide Web (WWW).

Während Hypertext für die Infrastruktur des WWW essentiell ist, hat der Nutzer an seinem PC doch in erster Linie mit dem Browser zu tun. Das ist das Werkzeug, mit dem er sich die Ressourcen des Internets auf den heimischen PC holen kann. Ein Browser ist seiner Natur nach ein Interpreter; das heißt, er stellt nicht alle Daten und Grafiken immer in der gleichen Form dar.

Es wurde bald klar, dass nicht alle Arbeiten zur Realisierung des WWW von den Wissenschaftlern am CERN geleistet werden konnten. Der erste Web-Server ging im Dezember 1991 in einem Physiklabor in Kalifornien, dem Stanford Linear Accelerator Center (SLAC) ans Netz. In diesen Tagen gab es zwei Browser. Einer war die ursprüngliche Version, die allerdings nur auf einem Computer von NEXT eingesetzt werden konnte.

Der andere Browser war zeilenorientiert, war leicht zu installieren und konnte auf einer Vielzahl von Rechnern zum Laufen gebracht werden. Es war allerdings kein sehr mächtiges Werkzeug, und das User Interface entsprach nicht den heutigen Erwartungen.

3.2 Der Kampf um den PC

He who knows when he can fight and when he cannot will be victorious.

> Sun Tzu

Der erste Browser, der weltweit eine größere Bedeutung erlangte, hieß Mosaic. Er entstand an der Universität von Illinois Urbana-Champaign im Jahr 1992 im National Center for Supercomputer Applications (NCSA). Mosaic lief auf Microsofts Windows.

Aus Mosaic ging der Netscape Navigator hervor. Er wurde zum großen Teil von denselben Programmierern entwickelt, die bereits Mosaic geschaffen hatten. Obwohl der Navigator auf den Ideen und Konzepten von Mosaic basierte, verwendete er nicht dessen Quellcode. Diesen bekam die Mozilla Foundation. Der daraus entwickelte Browser ist Firefox.

Microsoft hatte die Entwicklung der Browser und ihre immense Bedeutung für das Wachstum des Internets zunächst verschlafen. Vielleicht lag das auch daran, dass Windows 3.0 ein nicht sehr zuverlässiges Produkt war. Es waren Anstrengungen nötig, um diese Fehler zu beseitigen.

Im Jahr 1995 kaufte Microsoft Spyglass für zwei Millionen Dollar. Dieses Unternehmen hatte inzwischen vom NCSA die Lizenz zur Nutzung von Mosaic erworben. Es nannte diesen Browser nun den Microsoft Internet Explorer.

Was folgte, war ein Krieg um die Herrschaft über die PCs der Nutzer. Die Firma aus Redmond war dabei gegenüber Netscape in einer sehr viel günstigeren Position. Sie konnte es den Nutzern bei der Installation des Betriebssystems sehr leicht machen, den Explorer zu kopieren. Wer dagegen lieber mit dem Netscape Navigator arbeiten wollte, musste sich diesen erst besorgen.

Im Jahr 1995, als das WWW sehr populär wurde, betrug der Marktanteil des Netscape Navigators weltweit über achtzig Prozent. Bis zum Jahr 2003 war der Marktanteil dieses Browsers auf vier Prozent gesunken. Microsofts Explorer hatte den Kampf um die Gunst der Kunden mit 95 Prozent zunächst gewonnen.

Zwanzig Jahre nach den ersten Browsern sind Mozillas Firefox, Googles Chrome und der Internet Explorer die wichtigsten dieser Werkzeuge. Opera fristet ein Nischendasein.

Weil aber die Zahl der Nutzer des Internets inzwischen weltweit in die Milliarden geht, können selbst Organisationen mit ein paar Prozent Marktanteil noch eine signifikante Zahl von Programmen ausliefern.

4 Die Schwächen des Internets

We have met the enemy and he is us.

Walt Kelley

Das ARPANET wurde geschaffen, um Universitäten und Forschungslabors der USA miteinander zu verbinden. Natürlich hätte man die Forderung nach Sicherheit der Datenpakete und deren Übertragung zu einem Teil der Spezifikation machen können. Tatsache ist, dass dies damals nie ein Thema war. Man traute den Wissenschaftlern und Spezialisten, deren Institute an das Netz angeschlossen werden sollten. Die Sicherheit war schlicht kein Teil der Diskussionen.

Als die Technologie des ARPANETs, in seiner Ausprägung als Internet, über alle erwarteten Maßen hinaus wuchs, wurde die Sicherheit des Netzes, der Daten und der angeschlossenen Computer natürlich ein Thema. Nun war es für eine grundlegende Änderung des Designs allerdings Jahre zu spät.

Es gibt eine Reihe signifikanter Schwächen [13, 14] des Internets. Wir wollen sie uns der Reihe nach vorknöpfen:

1. Das Domain Name System
2. Das Border Gateway Protocol
3. Die fehlende Verschlüsselung von Inhalten
4. Mangelnder Schutz gegen die Verbreitung von Schadprogrammen
5. Das dezentrale Design

Wir alle benutzen Adressen, die aus einer Kombination von Buchstaben und ein paar Sonderzeichen wie dem Punkt oder dem Zeichen @ bestehen. Allerdings versteht kein Computer eine derartige Adresse unmittelbar. Computer sind es gewohnt, mit Nullen und Einsen umzugehen, nicht mit Buchstaben.

Die Aufgabe der Umwandlung für einen Computer und das Netzwerk verständliche Form der Adresse fällt den Domain Name System und deren Servern zu. Zum einen kann die Software dieses Servers so manipuliert werden, dass sie den Nutzer auf eine falsche Seite lockt. Nicht die Seite seiner Bank, sondern auf die Website eines Hackers, der sich als die Bank des Kunden ausgibt.

Gelingt dies, hat der Hacker die Möglichkeit, an Daten zu kommen, die geheim bleiben sollten. Es kann ihm mit diesem Trick durchaus gelingen, an das Geld des Kunden auf dessen Konto zu gelangen.

Die zweite Art des Angriffs auf die Domain Name Server des Internets nennt sich Distributed Denial of Service (DDOS). Bei dieser Vorgehensweise wird der Server so mit Anfragen geflutet, dass er keine sinnvolle Arbeit mehr verrichten kann. Für den Surfer im Internet fällt er praktisch aus.

Eine andere Schwäche stellen die Rechner im Internet dar, die das Border Gateway Protocol beherbergen. Man kann sie sich als die Sortierräume in einem herkömmlichen Postamt vorstellen. Hier sind Informationen über andere Router vorhanden, die in anderen Netzwerken residieren mögen. Es existiert kein Mechanismus, um das Löschen, Verfälschen oder modifizieren zu verhindern. Alles beruht auf Vertrauen.

Die dritte Schwäche liegt darin, dass Daten im Internet eher Postkarten sind als Briefe. Jeder, der Lust dazu hat, kann sie lesen. Zwar setzen Banken bei Internet-Banking inzwischen Software zur Verschlüsselung ein. Aber einen absoluten Schutz bieten auch diese Verfahren nicht. Hacker können sie unterlaufen oder umgehen. Trotzdem sollte man Verschlüsselung einsetzen, wo immer es möglich ist.

Das Internet transportiert Daten, Bits und Bytes. Es kann sich um Dateien handeln, Nachrichten wie E-Mails, Software, aber eben auch Programme, die bösartiger Natur sind. Das Netz macht keinen Unterschied. Es übt keine Kontrolle aus, nimmt alle Arten von Datenpaketen an.

Die letzte Schwachstelle liegt in der dezentralen Struktur des

Internets. Es gibt keine Zentrale, auch keine Stelle, die eine bestimmte Politik durchsetzen könnte. Das Netz unterliegt nicht einmal mehr der Kontrolle einer nationalen Regierung. Es handelt sich um ein Gebilde, das Grenzen überwindet. Das mag in mancher Hinsicht ein Vorteil sein. Denken wir an autoritäre Regime. Aber in Bezug auf die Sicherheit stellt es eine Schwäche des Internets dar.

Nun stellte sich natürlich die Frage, ob diese Schwächen im Bereich der Sicherheit des Netzes überwunden werden können, ob ein sicheres Internet eine Realität werden könnte. Das ist so, als würde man fragen, ob aus einem VW Käfer ein Mercedes werden kann, der dem Feuer einer AK-47 oder gar einer Panzerfaust widerstehen kann.

Ich würde das bezweifeln wollen. Zumindest wären die Änderungen und Verbesserungen so gravierend, dass wir ein Internet Release 2.0 benötigen würden.

Anhang A.1: Literaturverzeichnis

[1] B. Jack Copeland, *Colossus*, Oxford, 2006

[2] Georg Erwin Thaller, *MIx: Die britischen Geheimdienste*, GDdL, 2012

[3] Georg Erwin Thaller, *Spionageflugzeuge: Von der U-2 zu Drohnen*, GDdL, 2012

[4] Georg Erwin Thaller, *Spionagesatelliten: Unsere Augen im All*, GDdL, 2012

[5] Georg Erwin Thaller, *Katastrophen: Von Tschernobyl zum Tsunami*, GDdL, 2012

[6] Katie Hafner, Matthew Lyon, *Where wizards stay up late*, New York, 1996

[7] Georg Erwin Thaller, *Von Sputnik zu Buran: Die russische Raumfahrt*, GDdL, 2012

[8] Georg Erwin Thaller, *Raketen: Von der V-2 zur Saturn*, GDdL, 2012

[9] Brian W. Kernighan, Dennis M. Ritchie, *The C Programming Language*, Englewood Cliffs, 1978

[10] Samuel J. Leffler, *The Design and Implementation of 4.3 BSD UNIX Operating System*, New York, 1989

[11] Georg Erwin Thaller, *Interface Design*, Frankfurt, 2002

[12] Georg Erwin Thaller, *Satelliten im Erdorbit*, GDdL, 2012

[13] Georg Erwin Thaller, *Cyber War: Die unsichtbare Front*, GDdL, 2013

[14] Richard A. Clarke, *Cyber War*, New York, 2010

Anhang A.2: Glossar

Adaptive Routing
Die von der der ARPA benutzte Technik zum Versenden von
Datenpaketen im Internet.

ALOHA
Ein Netzwerk auf Hawaii, das Funk einsetzt.

Binärsystem
Ein Zahlensystem, bei dem lediglich die Ziffern Null und Eins
benutzt werden. Das zurzeit bei Computern am häufigsten
eingesetzte System.

Byte
Ein Byte besteht aus acht Bits, häufig aufgeteilt in zwei Half
Bytes oder *Nibbles*.

Citizen Band
Ein häufig von Truckern genutztes Netz im Bereich des
Sprechfunks.

Cloud
Eine Art neuer Computer mit Speicher, der für eine Vielzahl
von Nutzern via Internet Services zur Verfügung stellen soll.

CPU
Central Processing Unit. Der zentrale Prozessor eines
Computers, ein Chip.

Dynamic Routing
Die von der der ARPA benutzte Technik zum Versenden von
Datenpaketen im Internet.

Host
Gastrechner. Die an das ARPANET oder das Internet angeschlossenen Computer.

Ma Bell
Ein Name für die US-amerikanische Telefongesellschaft AT&T.

MANHATTAN-Projekt
Das US-amerikanische Projekt zum Bau einer Atombombe.

MODEM
Abkürzung für **Mo**dulation – **Dem**odulation. Ein Gerät, um einen Computer mit dem Internet zu verbinden.

Anhang A.3: Akronyme und Abkürzungen

ARPA   Advanced Research Projects Agency
AT&T   American Telephone & Telegraph

BBN   Bolt, Beranek & Newman

CDC   Control Data Corporation
CERN   Conseil Européen pour la Recherche Nucléaire
CPU   Central Processing Unit

DDOS   Distributed Denial of Service
DEC   Digital Equipment Corporation

EDV   Elektronische Datenverarbeitung
ENIAC   Electronic Numerical Integrator and Computer
ETH   Eidgenössische Technische Hochschule

FAA   Federal Aviation Authority
FTP   File Transfer Protocol

GCHQ   Government Communications Headquarter
GPS   Global Positioning System
GSM   Global System for Mobile Communications

IBM   International Business Machines
IMP   Interface Message Processor
IP   Internet Protocol
ISO   International Organization for Standardization

MIT   Massachusetts Institute of Technology

NCP   Network Control Protocol
NCR   National Cash Register
NCSA   National Center for Supercomputer Applications
NMC   Network Measurement Center
NSA   National Security Agency

NSF   National Science Foundation
NWG   Network Working Group

OSI   Open System Interconnect

PARC   Palo Alto Research Center
PC   Personal Computer
PDP   Programmable Data Processor

RAND   **R**esearch **a**n**d** **D**evelopment
RCA   Radio Corporation of America
RFC   Request for Comment

SDC   System Development Corporation
SLAC   Stanford Linear Accelerator Center
SRI   Stanford Research Institute

TCP   Transfer Control Protocol
TIP   Terminal IMP

UCLA   University of California in Los Angeles
UCSB   University of California in Santa Barbara
UNIVAC   UNIVersal Automatic Computer
UNO   United Nations Organisation
USA   United States of America

WWW   World Wide Web

Anhang A.4: Das ARPANET in Stichworten

Zeit	Meilenstein
1958	Präsident Dwight D. Eisenhower gründet die Advanced Research Projects Agency (ARPA) als Antwort auf den Start von Sputnik.
1966	Ein Projekt für ein Netzwerk zur Verbindung unterschiedlicher Computer (ARPANET) wird ins Leben gerufen.
1967	Es wird entschieden, separate Rechner für den Betrieb des Netzes zu installieren. Diese Computer werden Interface Message Processor (IMP) getauft.
1968	Bolt, Beranek & Neuman (BBN) in Boston bekommt den Auftrag, die IMPs zu bauen.
April 1969	Die erste Spezifikation für einen IMP wird von BBN freigegeben. Es beginnt die Diskussion darüber, wie das Host-zu-Host-Protokoll aussehen soll. Die Network Working Group wird gegründet.
September 1969	Der erste IMP wird an eine Universität in Kalifornien ausgeliefert und mit deren Rechner, einer Sigma 7, verbunden. Damit existiert der erste Netzknoten. Die UCLA ist auch der Ort, an dem das Network Measurement Center seinen Sitz hat.
Oktober 1969	Der zweite Netzknoten wird am Stanford Research Institute (SRI) eingerichtet. Dessen Computer ist eine SDS 940. Die erste Nachricht wird über das Netz geschickt.
November 1969	Der dritte Netzknoten wird an der kalifornischen Universität UCSB installiert.
Dezember 1969	Der vierte Netzknoten wird an der Universität in Utah geschaffen.

März 1969	Mit der Einrichtung eines Knotenrechners bei BBN in Massachusetts wird der Bogen von der Westküste der USA zur Ostküste gespannt.
März 1969	Das Network Control Center (NCC) bei BBN nimmt seine Arbeit auf.
November 1969	IMPs können bei einem Fehler das Betriebssystem von anderen Rechnern im Netz laden.
1971	Das erste Host-zu-Host-Protokoll (NCP) steht zur Verfügung. Terminals können direkt an das Netz angeschlossen werden.
März 1972	Erste primitive Formen von E-Mail werden eingesetzt.
Juli 1972	Die Spezifikation für das File Transfer Protocol (ftp) wird freigegeben (RFC 354).
Oktober 1972	Das ARPANET wird in Washington einer breiten Öffentlichkeit vorgestellt.
1973	Versuche, das ARPANET mit einem anderen Netzwerk zu verbinden.
Mai 1973	Am Palo Alto Research Center (PARC) wird das Ethernet in Betrieb genommen.
April 1974	BBN gibt neue Algorithmen für das Routing im Netz frei.
Mai 1974	Das Transmission Control Protocol (TCP) wird freigegeben. Es ersetzt das NCP und erlaubt es, auf andere Netze zuzugreifen.
Oktober 1977	TCP wird für das ARPANET, ein Radionetz und SATNET eingesetzt.
März 1978	TCP wird aufgespalten in die zwei Teile TCP und IP.
1983	Das (geheime) MILNET trennt sich vom ARPANET. Es verbleiben 68 Netzknoten im ARPANET.

November 1983	Das Domain Name System wird geschaffen (DNS). Damit werden die Endungen com, gov, mil, org, net und int eingeführt.
1989	Das ARPANET wird stillgelegt. Verbleibende Netzknoten werden in andere Netze eingebunden.

Stichwortverzeichnis

www.ingramcontent.com/pod-product-compliance
Lightning Source LLC
Chambersburg PA
CBHW071031050326
40689CB00014B/3607